Erhard Zauner


Nuovi Dieci Comandamenti
– Dieci Mindfulness –
per il tempo da e dopo Corona

Erhard Zauner

# Nuovi
# Dieci Comandamenti
# – Dieci Mindfulness –
# per il tempo da
# e dopo Corona

Un progetto di nuovi comandamenti universalmente
validi che possano servire come linee guida
etiche per le azioni di tutte le persone,
indipendentemente dalla loro religione o fede

Titolo dell'edizione originale:

Neue Zehn Gebote – Zehn Achtsamkeiten – für die Zeit von und nach Corona

Informazioni bibliografiche della Biblioteca Nazionale Tedesca:
La Biblioteca Nazionale Tedesca elenca questa pubblicazione
nella Bibliografia Nazionale Tedesca; dati bibliografici dettagliati
sono disponibili su internet all'indirizzo dnb.dnb.de.

Bibliografische Information der Deutschen Nationalbibliothek:
Die Deutsche Nationalbibliothek verzeichnet diese Publikation
in der Deutschen Nationalbibliografie; detaillierte bibliografische
Daten sind im Internet über dnb.dnb.de abrufbar.

Fotos: „Erhard Zauner" by z-foto, © 2018
       Cover: Isola Rab by Erhard Zauner, © 2011

Potete raggiungere l'autore a: info@gwgwien.at

Herstellung und Verlag (Produzione e pubblicazione): BoD – Books on Demand,
Norderstedt

ISBN: 978-3-75-571533-7

Ringrazio tutte le persone
che hanno contribuito alla
pubblicazione di questo libro.

Dedico questo libro a tutte le persone
che non vogliono essere dettate cosa credere.

# Contenuto

# Introduzione

Da cinquant'anni mi occupo di questioni di storia e di filosofia della religione e di scienze dell'educazione, soprattutto dell'area giudeo-cristiana. Essendo cresciuto fin dalla nascita senza alcuna confessione religiosa e senza impronte dogmatiche, è molto più facile per me affrontare le questioni che si trovano nella zona di confine tra religione, filosofia e storia in modo completamente neutrale e aperto. Nel corso dei miei studi sulla Bibbia, ho naturalmente analizzato anche i dieci comandamenti e mi sono imbattuto in una serie d'incongruenze. Uno sguardo più attento ha mostrato che i classici dieci comandamenti della Bibbia non soddisfano i requisiti che sono posti all'etica universale. Sono assolutamente sessisti, xenofobi, squilibrati e non caratterizzati dall'onnicomprensivo "amore divino" che è sempre enfatizzato dalla chiesa.

D'altra parte, il comandamento biblico di amare il prossimo non ha trovato posto tra i dieci comandamenti (più importanti), né nella prima né nella seconda versione. Inoltre, l'amore per il prossimo non è un'invenzione di Gesù o del cristianesimo, perché è già ancorato nell'Antico Testamento. *(Lev 19:18) ma amerai il prossimo tuo come te stesso.* Questo comandamento dell'amore per il prossimo è comunque citato più volte nel Nuovo Testamento in diverse situazioni. Particolarmente sorprendente, tuttavia, è il passaggio in cui Gesù espande l'amore per il prossimo all'amore per il nemico. Così facendo, presenta l'amore per il prossimo come qualcosa di veramente molto banale, perché, secondo lui, non c'è nulla di utile nelle amare chi ama anche te. Così facendo, però, si fa una restrizione o un'attenuazione inammissibile, a mio parere. L'affermazione originale *"Amerai il pros-*

simo tuo come te stesso" non fa distinzione se il tuo prossimo ti ama o no, se è tuo amico o tuo nemico. Secondo la mia opinione, il comandamento di amare il prossimo nell'Antico Testamento include già l'amore per il nemico, mentre Gesù lo riduce inutilmente solo a "cari prossimi". *(Mat 5:43) Voi avete udito che fu detto: "Ama il tuo prossimo e odia il tuo nemico". (44) Ma io vi dico: amate i vostri nemici, benedite coloro che vi maledicono, fate del bene a quelli che vi odiano, e pregate per quelli che vi maltrattano e che vi perseguitano, (45) affinché siate figli del Padre vostro che è nei cieli; poiché egli fa levare il suo sole sopra i malvagi e sopra i buoni, e fa piovere sui giusti e sugli ingiusti. (46) Se infatti amate quelli che vi amano, che premio ne avete? Non fanno lo stesso anche i pubblicani?*

Il primo comandamento in assoluto menzionato nella Bibbia è *(Gen 1:28) Siate fecondi e moltiplicatevi; riempite la terra, rendetevela soggetta, dominate sui pesci del mare e sugli uccelli del cielo e sopra ogni animale che si muove sulla terra,* non fa parte dei dieci comandamenti. Tuttavia, la seconda parte, soggiogare e governare, è stata a volte praticata in modo eccessivo, il che ha portato da un lato allo sfruttamento della terra e dall'altro alla disumana produzione industriale di animali, poiché gli animali sono visti semplicemente come una "cosa" da dominare.

In conformità a questa constatazione che i Dieci Comandamenti biblici erano carenti, sorse allora l'idea di redigere una nuova versione completa ed equilibrata dei Dieci Comandamenti per tutte le persone di tutte le fedi, ma anche per i non confessionali e i cosiddetti miscredenti.

Pertanto, mi è sembrato sensato e importante trovare una versione contemporanea e universalmente valida dei Dieci Comandamenti che possa essere accettata da persone di diverse religioni e anche dagli agnostici. Affinché non si crei l'impressione sbagliata, non sto in alcun modo cercando di competere con Dio, se ne esiste uno, certamente non con il vendicativo Jaweh, il Dio della Bibbia, che si considera responsabile solo per i discendenti di Giacobbe. Questi sono comandamenti umani a libera disposizione, non ci sono punizioni per la non osservanza, né minacciate né eseguite. Nessuno deve lasciare la sua fede, né deve unirsi a una nuova comunità di fede, perché con i miei Dieci Comandamenti – Dieci Mindfulness – non ci sono nessuna confessione, nessuna religione, nessuna tassa di chiesa e nessun dogma. Inizialmente avevo pensato di chiamare il titolo di questo libro "Nuovi Dieci Comandamenti – Dieci Mindfulness – per il 21° secolo". Il verificarsi della pandemia di Corona – non voglio commentare ulteriormente qui la necessità medica o la motivazione economica e politica della pandemia – rappresenta un impatto drammatico sulla vita di molte persone. Questo porta molti a mettere in dubbio molte cose o a cercare un nuovo orientamento. Pertanto, ho aggiunto ora "per il tempo da e dopo Corona" al titolo.

Non ho formulato i miei comandamenti né come una richiesta esclusiva "Dovresti..." né come una proibizione "Non dovresti...", perché la coesistenza delle persone nella società è molto più differenziata di quanto possa essere separata in azioni "buone e cattive", né regolata con "comandamenti e proibizioni". I miei comandamenti sono chiami a ogni individuo di prestare attenzione agli effetti di ciò che fa. Ecco perché preferisco chiamarle "mindfulness", attenzioni o consapevolezze. Tuttavia, li ho chiamati "Dieci Comandamenti" nel titolo del libro, in modo che si possa immediatamente classificare e assegnare questo libro al tema corrispondente.

Ho deliberatamente formulato i nuovi comandamenti in modo molto breve e conciso, affinché siano facili da ricordare e possa-

11

no essere applicati il più possibile. Aggiungo delle spiegazioni ai singoli comandamenti per far conoscere i miei pensieri che hanno portato alla rispettiva formulazione e per capire migliore cosa s'intende. Tuttavia, queste non sono affatto esaustive, perché non voglio elaborarle, definirle e certamente non prescriverle nel senso di un sistema filosofico o teologico nei minimi dettagli. Darò anche analogie e riferimenti ai classici comandamenti biblici per mostrare che tutte quelle parti che sono di validità senza tempo sono anche contenute nel mio, anche se queste vanno ben oltre. Allo stesso modo, indicherò quelle che considero limitazioni inutili e insensate dei comandamenti biblici. I comandamenti puramente teologici del culto di Dio e degli atti rituali sono completamente assenti dal mio, poiché secondo me non hanno validità universale, ma sono solo specifici di una religione o di una confessione, e servono solo a subordinare i fedeli ai preti affinché questi ultimi possano dominarli e vivere (a volte molto feudalmente) a loro spese.

Se uno scrive i nuovi Dieci Comandamenti in un cerchio in senso orario, i primi cinque mindfulness riguardano la persona stessa o il suo mondo interiore. Riguardano se stessi, i propri pensieri, sentimenti e parole, si passa alle azioni che hanno effetti manifesti sull'ambiente. Questo ci porta alle seconde cinque mindfulness, che riguardano le varie forme e livelli del mondo esterno, dai beni materiali e spirituali, ai vicini o alla comunità, alla vita, all'ambiente, all'intero universo. Sta a ciascuno decidere se immaginarlo animato o spiritualizzato. I credenti lo chiamerebbe "Dio", il che per me è abbastanza comprensibile ma non assolutamente necessario.

Se guardiamo gli effetti del mancato rispetto di tutti i comandamenti, dobbiamo renderci conto che l'osservanza di ogni singolo comandamento influisce su tutti gli altri nove comandamenti in misura maggiore o minore; tutti hanno una connessione interna. Arriverò persino a dire che non è possibile osservare veramente nove di questi nuovi Dieci Comandamenti e non osservare il decimo, qualunque esso sia. L'inosservanza anche di un solo comandamento comporta almeno una minore osservanza degli altri nove, se questo non significa che anche alcuni o tutti sono temporaneamente disattesi. Un'inosservanza o una minore osservanza di questi comandamenti non è un peccato e quindi non deve essere confessato a nessun sacerdote. Non ci sono nemmeno una minaccia di malattia, morte, dannazione eterna o tormento all'inferno. Se nell'Antico Testamento troviamo una lista quasi infinita di comandamenti, la cui inosservanza è punita con la morte del peccatore, nella Chiesa cattolica ci sono anche i sette peccati capitali o peccati gravi, che comportano la perdita della grazia divina, l'esclusione dal regno di Cristo e la morte eterna all'inferno.

Superbia (orgoglio, vanità, arroganza)

Avarizia (avidità, cupidigia)

Lussuria (dissolutezza, edonismo, cupidigia, castità)

Ira (irascibilità, rabbia, vendetta)

Gola (golosità, sregolatezza, egoismo)

Invidia (gelosia, risentimento)

Accidia (codardia, ignoranza, stanchezza, pigrizia di cuore)

Considerando i molti scandali che adesso scuotono la Chiesa cattolica, si dubita che i rappresentanti della chiesa credano anche a ciò che predicano?

# Nuovi Dieci Comandamenti
# Dieci Mindfulness

1. Osserva te stesso

2. Osserva i tuoi pensieri

3. Osserva i tuoi sentimenti

4. Osserva le tue parole

5. Osserva le tue azioni

6. Osserva la proprietà

7. Osserva la comunità

8. Osserva la vita

9. Osserva l'ambiente

10. Osserva l'universo

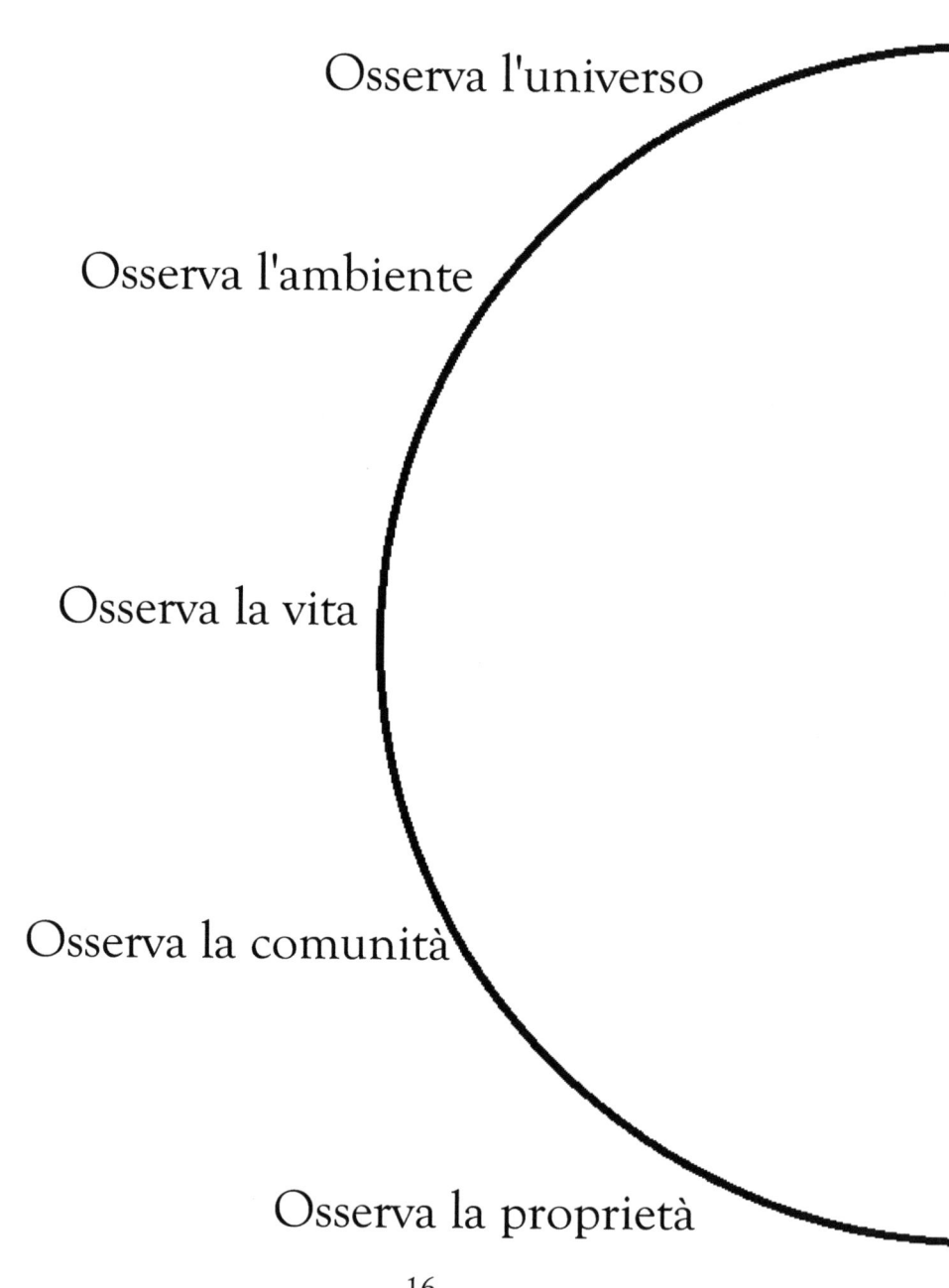

Osserva l'universo

Osserva l'ambiente

Osserva la vita

Osserva la comunità

Osserva la proprietà

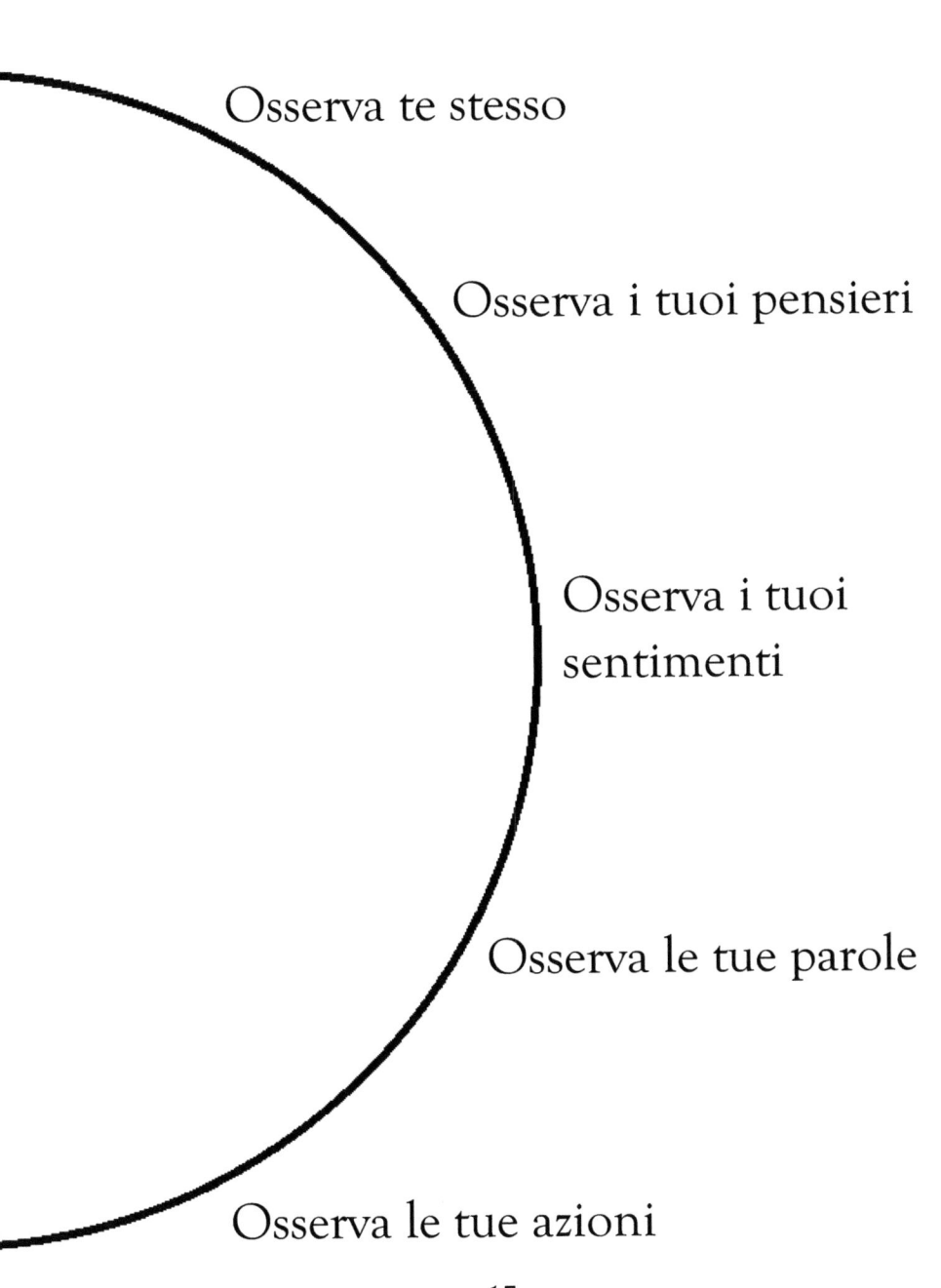

Osserva te stesso

Osserva i tuoi pensieri

Osserva i tuoi
sentimenti

Osserva le tue parole

Osserva le tue azioni

17

# Osservazioni preliminari

Uso il termine "osserva" in tutti i miei dieci comandamenti. Intendo questo nel senso di "essere attento a ciò che succede lì", "guarda", ma anche nel senso di "cura e preoccupazione" o "essere consapevole delle conseguenze di prestare o non prestare attenzione". È un'espressione molto meno rigorosa del "dovresti" o "non dovresti", ma soprattutto evita le conseguenze del fare. Un "dovresti/non devi" ha senso solo se ci sono conseguenze, ad esempio punizioni, per la mancata osservanza. Qui la Chiesa cattolica ha creato un ingegnoso strumento di dominio sulla gente introducendo la confessione. Con questo, essa – come potere dominante – ha fatto sì che i suoi "soggetti" dominati denunciassero "volontariamente" tutte le trasgressioni. Come "ricompensa" per i peccatori pentiti c'era poi, dopo qualche Padre Nostro o rosario, l'assoluzione. Con diverse centinaia di migliaia di sacerdoti in tutto il mondo, la Chiesa cattolica ha probabilmente la rete d'informazione con il miglior personale del mondo. A causa della segretezza della confessione da un lato e dell'obbedienza al Papa dall'altro, questo sistema d'informatori ha funzionato perfettamente per secoli. In caso di dubbio, la Chiesa allora capì molto bene come usare la sua conoscenza dei "misfatti" per esercitare pressione sui suoi fedeli quando era utile alla Chiesa. D'altra parte, non ha mai avuto problemi con potentati e dittatori, se solo fossero già cattolici ben educati, e possibilmente combattessero contro i "comunisti infedeli", come la visita di Papa Giovanni Paolo II al dittatore Pinochet a Santiago del Cile nel 1987 ha dimostrato in modo inquietante. Questo "osserva" è un richiamo alla coscienza per non fare qualcosa semplicemente per abitudine o per semplice imitazione.

# Osserva

# te stesso

Probabilmente sarete sorpresi che ho messo questo comandamento o questa mindfulness al primo posto e non all'ultimo. Per me, la sequenza di mindfulness era chiara in tempi relativamente brevi. La questione di quale fosse il primo e quale l'ultimo mi ha occupato per molto tempo. Dopo un'attenta considerazione, sono arrivato alla conclusione che "osserva te stesso", deve essere messo all'inizio. Come potresti occuparti di tutte le altre cose quando non osserva te stesso e non presti attenzione a te stesso. Pero questa non è una licenza per gli egocentrici o i narcisisti, perché hanno una concentrazione eccessiva su se stessi e trascurano il rispetto per tutto il resto, specialmente per i loro simili.

Questo "osserva te stesso" suona simile al biblico "ama il tuo prossimo come te stesso". Amare e osservare sono simili ma anche diversi. Il polo opposto dell'amore è l'odio. Probabilmente ci sono relativamente poche persone che ami davvero ancora meno che odi davvero. Ma ci sono molte, molte persone che non si amano né si odiano. La chiamata ad amare il tuo prossimo come te stesso porta facilmente a un atteggiamento utopico di "ci amiamo tutti così molto che non c'è crimine nel nostro mondo!". Ma se l'amore per se stessi è piuttosto modesto o addirittura non è sviluppato per nulla, allora anche l'amore che si dà al prossimo è solo molto modesto.

L'affermazione "osserva te stesso" dice fondamentalmente che sei tu a doverti prendere cura di te stesso. Perché gli altri esseri umani dovrebbero prendersi cura di te se tu non ti prendi cura di te stesso? Prenditi cura della tua salute, della tua dieta, della tua vita familiare e della tua cerchia di amici, della tua educazione e della tua carriera, della tua visione del mondo o religione, ecc. Ma questo significa anche che se ti trovi in una situazione spiacevole, non dovresti principalmente incolpare qualcun altro per questo. Nella mia esperienza, non è quasi mai una questione di colpa, ma piuttosto una questione di causa. Conoscete certamente il detto: Ogni uomo è l'artefice della propria felicità! Ma tu non sei solo responsabile della tua felicità, ma anche della tua infelicità, di tutta la tua vita.

Se ti prendi cura di te stesso, prenderai le tue decisioni principalmente secondo i tuoi valori e non secondo i desideri degli altri. Allora non sarete più così fortemente influenzati dalla pressione dei pari o dalla pubblicità, ma condurrete una vita sempre più autodeterminata. Questo vi renderà più equilibrati e soddisfatti, e non sarete così facilmente sballottati da eventi spiacevoli.

Se puoi cambiare la situazione, cambiala con forza! Se non c'è la possibilità di cambiarlo del tutto, o al momento, allora sopportatelo con pazienza! L'aggressività, la rabbia e il risentimento ti costano solo molta energia e in molti casi peggiorano solo la tua situazione senza migliorare nulla. Spesso si diventa addirittura ciechi di fronte alle possibilità di miglioramento che si presentano nel corso del tempo. "Risentire" significa rendere una situazione che è già "cattiva" ancora "peggiore". La persona che causa i tuoi problemi e risentimenti di solito non se ne accorge. Ma questo ci porta anche alla prossima consapevolezza o mindfulness.

# Osserva
# i tuoi pensieri

Si sa che i pensieri sono liberi. Questo è vero, ma i pensieri hanno fondamentalmente due tendenze. Da un lato, si sforzano di realizzare se stessi, e dall'altro, attirano altre persone che hanno pensieri simili. Rifletti a quanti pensieri, idee, desideri e immaginazioni ricevi dall'esterno nel corso di una sola giornata? Questi non sono solo le centinaia di messaggi pubblicitari dell'industria e della politica, ma anche le molte dichiarazioni e commenti consci o spesso inconsci dei vostri simili. Se questi "pensieri" degli altri non portassero a "ripensamenti" (inconscio) in te, la pubblicità sarebbe inefficace.

Se un pensiero, un'idea o una concezione è ripetuto abbastanza spesso, lo accettiamo automaticamente come vero. Con i bambini, dove la coscienza critica non è ancora sviluppata o non è abbastanza sviluppata, tali idee hanno naturalmente un effetto ancora più rapido ed efficace. Ora probabilmente capirete anche perché in pratica tutte le comunità religiose iniziano il loro imprinting mentale – o dovrei dire indottrinamento? – nella prima infanzia, perché allora queste persone hanno un guinzaglio invisibile. Quante persone pensate che diventerebbero ancora membri della Chiesa Cattolica oggi, per esempio, se potessero unirsi alla fede solo da adulti, come accadeva 2000 anni fa?

Uno dei principi fondamentali del giornalismo è: „Only bad news are good news" (Solo le cattive notizie sono buone notizie). Ciò che s'intende con questo è che le notizie di "Sex and Crime" (sesso e crimine) portano molta più circolazione, ascoltatori o spettatori, e quindi entrate pubblicitarie, che le buone notizie. Non voglio che guardiate il mondo attraverso occhiali rosa, questo sarebbe ugualmente irrealistico e non favorisce il vostro benessere. Ma per favore considera a quante delle "cattive notizie" devi veramente recepire, quanto è assolutamente necessario e indispensabile per le tue decisioni e la tua vita.

Cerca di decidere da soli quali e quanti pensieri, idee o messaggi pubblicitari ti sono trasmesse o imposti dall'esterno. Ma quello che puoi sicuramente decidere da solo sono tutti quei pensieri che pensi da solo. Questo include, naturalmente, decidere quali libri leggere, quali film guardare e con quali persone parlare di quali argomenti. Tuttavia, dovreste anche essere consapevoli che i pensieri, sia vi arrivino dalla vostra mente sia dall'esterno, non si limitano a "fluttuare liberamente nello spazio", ma provocano anche reazioni su un altro livello.

Gli impulsi di pensiero - le idee - sono il punto di partenza di ogni azione, ma come sappiamo, i pensieri da soli non bastano a muovere nulla nemmeno di un millimetro. Anche la tanto decantata volontà non muove nulla nella maggior parte dei casi, perché di solito è solo un'idea, un pensiero velleitario. Questo è paragonabile alla prospettiva di una bella casa per le vacanze. Ci si può "sognare" in questo posto, ma per arrivarci davvero, bisogna raccogliere una discreta quantità di energia e una determinazione davvero ferma a fare qualcosa. Nel nostro caso, i nostri sentimenti sono la forza e il motore per l'attuazione dei pensieri e il raggiungimento di obiettivi - idealmente auto-imposti. Questo ci porta alla prossima consapevolezza o mindfulness.

# Osserva
# i tuoi sentimenti

Se guardiamo di nuovo le cattive notizie del capitolo precedente, per esempio i rapporti sui crimini, l'aumento dei tassi d'incidenza o le unità di terapia intensiva di corone sovraccariche, anche queste generano sentimenti in noi. Diventiamo spaventati e timorosi, ci arrabbiamo o ci sentiamo impotenti. Se i pensieri, le idee o le concezioni stabiliscono la direzione, per così dire, i sentimenti sono la forza che ci spinge in questa direzione, o il freno che ci paralizza. Per sentimenti non intendo solo i "grandi sentimenti" di cui prendono coscienza, come la contentezza, la paura, la rabbia, l'amore, la solitudine, la speranza o la disperazione. Intendo anche quelle piccole sensazioni o fluttuazioni nei sentimenti che si manifestano sempre quando sperimentiamo, facciamo o pensiamo qualcosa. Di solito sperimentiamo i sentimenti come una reazione a qualche situazione, cioè a una conseguenza di qualcosa che non possiamo influenzare. Per la maggior parte di noi, i sentimenti appartengono al regno dell'inconscio.

Se ora chiedo "osserva i tuoi sentimenti", potreste rispondere "come posso farlo, se sorgono nel regno inconscio?". È vero che difficilmente si può far nascere un sentimento volontariamente. Ma c'è una semplice connessione. Più ti occupi di qualcosa che ti spaventa, più la paura diventa forte e forse aumenta fino al punto di panico, dal quale non puoi più scappare. In linea di principio, questo vale anche per tutti gli altri sentimenti. Questo significa, tuttavia, che indirettamente hai la possibilità di controllare i tuoi sentimenti, semplicemente facendo così, secondo ciò che state affrontando. Soprattutto nel corso della cosiddetta pandemia Corona, il governo ha suscitato paure molto forti, che dopo poco tempo si sono rivelate ampiamente infondate. Tuttavia, molte persone sono ancora influenzate nelle loro azioni da queste paure non proprio comprensibili.

Ma c'è un altro aspetto interessante. Vorrei illustrare questo con un piccolo esperimento di pensiero. Immagina che sul tavolo ci sia una bella ciotola piena di arance siciliane maturate al sole. Ne prendi una e porta al naso e respiri il meraviglioso profumo di quest'arancia maturata al sole. Prendi un coltello affilato e dividi a metà l'arancia, ne dividi ancora una metà e poi prendi quel quarto in mano. Ti porti lentamente in bocca questo spicchio d'arancia, senti il profumo meraviglioso di queste arance siciliane maturate al sole ancora più intensamente di prima. Apri la bocca e dai un buon morso all'arancia e il suo succo agrodolce ti schizza in bocca. In previsione del prossimo succo d'arancia, il tuo corpo e le tue ghiandole salivari hanno già reagito. Non c'è l'arancia! L'hai solo immaginato. La cosa sorprendente è che, anche per una reazione fisica manifesta, non importa se l'arancia è davvero lì, o se l'hai appena immaginata. La differenza di solito è sola nell'intensità. O per dirla in un altro modo, i sentimenti sono generati attraverso l'immaginazione, che puoi controllare consapevolmente con i tuoi pensieri. Più lo affronti, più forti diventano i tuoi sentimenti. Ora sta a te se "nutrire" la paura, la solitudine e la disperazione e quindi rafforzarle, o se generare amore, contentezza, fiducia e speranza.

I sentimenti negativi indeboliscono le tue prestazioni e il tuo sistema immunitario, ti rendono depresso e malato. I sentimenti positivi rafforzano la tua energia e la tua salute. Perciò presta attenzione ai tuoi sentimenti, perché modulano le tue parole e sono il motore delle tue azioni e quindi di tutta la tua vita.

Quarto Comandamento – Quarta Mindfulness

# Osserva
# le tue parole

Non importa solo quello che dici, ma come lo dici. "Il suono fa la musica" è il detto popolare. Quante volte una sola parola pronunciata velocemente (senza pensieri) è diventata causa di una lite o di una discussione! Per questo sono dell'opinione che non ci siano parole sconsiderate, ma che queste siano parole che non sono state controllate o formulate da pensieri coscienti. L'area automatica del cervello, il subconscio, ha innescato una reazione verbale in combinazione con il mondo emotivo. In molti casi, questi sono caratterizzati da paura o aggressività e quindi spesso innescano una reazione corrispondente. La conversazione, che di per sé è iniziata pacificamente, si trasforma in un dibattito e poi in un discorso di battaglia. Non si tratta più di chi ha ragione o di chi ha gli argomenti migliori, ma solo di sconfiggere l'altro! Una volta che una parola come questa ti è sfuggita di bocca, di solito è molto difficile e richiede molto tempo ritrovare la strada per tornare a una normale base di conversazione.

Mentre pensieri e sentimenti per lo più si manifestano solo dentro di te e gli altri possono solo percepirli o almeno sospettarli dalla tua postura o espressione facciale, le parole sono il contatto diretto con l'ambiente. L'espressione 'parole' qui rappresenta l'insieme della comunicazione interpersonale, inclusi il tono di voce, la velocità del discorso, le espressioni facciali, i gesti e il linguaggio del corpo.

Molte incomprensioni nascono unicamente dal fatto che l'altra persona è mentalmente diversa da te: quando inizi a parlare, tutti i pensieri e le sensazioni, i ricordi e le esperienze che sono legati a ciò che vuoi dire sono presenti anche per te allo stesso tempo. L'altra persona sente solo le poche frasi che stai effettivamente pronunciando. Ha quindi senso se usi poche parole o frasi per guidare mentalmente la tua controparte nell'area di cui

34

vuoi parlare con lui ora. Al contrario, ha senso chiedere se qualcosa non ti sembra chiaro.

Da un lato, le parole possono ispirare, ma dall'altro possono anche ferire rapidamente qualcuno, cioè a volte possono scatenare sentimenti molto violenti negli altri. Ciò include anche l'area che regola il comando biblico *"Non attestare il falso contro il tuo prossimo"*, abbreviato in termini cristiani in *"non devi mentire"*. Sfortunatamente, la condanna assoluta della menzogna è teoricamente sensata e comprensibile, ma in pratica non è del tutto priva di problemi. Questo non dovrebbe significare che io preferisca la menzogna, ma in molti casi deviazioni più o meno grandi dalla "pura verità" non sono solo utili per vivere insieme, ma a volte anche richieste direttamente dalla società. Se tutte le persone dicessero SEMPRE la verità e nient'altro che la pura verità, allora avremmo una guerra permanente di tutti contro tutti e probabilmente l'umanità sarebbe perita di conseguenza.

Tuttavia, soprattutto sulla scia della crisi della Corona, ho riscontrato sempre più che, contrariamente alla ponderazione di approcci e punti di vista diversi consueti nel discorso scientifico, in molti casi le "verità" sono state postulate dai politici. Questi hanno poi portato a leggi che sono state emanate in modo discutibile e sono state brutalmente eseguite. Questo di solito è un segno inequivocabile delle dittature come le conosciamo dall'ex Unione Sovietica o dalla Cina, ma dovrebbe essere impossibile nelle democrazie. Pertanto, osserva le tue parole!

# Osserva
# le tue azioni

Ogni azione che intraprendi ha alla fine il suo punto di partenza in un pensiero, per cui è del tutto irrilevante se l'hai pensato consapevolmente volontariamente, come reazione involontaria alle informazioni che hai ricevuto o come risultato di una manipolazione mirata attraverso la pubblicità, l'economia, stampa, politica o religione. Da non dimenticare è l'influenza della famiglia, degli amici, dei colleghi di lavoro o dei vicini in questo senso. Molti pensieri si accendono solo brevemente come una stella cadente e poi bruciano, per non essere mai più visti. Molti sono condannati al fallimento solo per i titoli di testa mentali "in realtà dovrei... ". Inoltre, per lo più sussurrate, le menomazioni (in realtà: fattori knockout) sono "Se fosse così facile, lo farebbero tutti!", "Non puoi mai farlo!", "Probabilmente pensi di essere più intelligente di tutti gli altri!" e "Ci ho già provato e ho fallito – risparmiati questa esperienza!"

Sebbene in generale pensiamo di compiere la maggior parte delle nostre azioni consapevolmente e volontariamente, la realtà è molto diversa. E questa è ancora una buona cosa. Vale a dire, tutte le attività ricorrenti più complesse come guidare un'auto sono controllate quasi esclusivamente dal nostro subconscio. La nostra coscienza e la decisione volontaria sono usate quasi solo per decidere "quando" e "dove" vogliamo andare. O in situazioni critiche atipiche per le quali non esistono abitudini o routine memorizzate. In tal modo, spesso prendiamo decisioni consapevoli che in realtà non sono ottimali. Pertanto, ha senso, tra l'altro, fare un corso di formazione sulla sicurezza del conducente, dove si è consapevoli di come agire correttamente in determinate situazioni pericolose e questo è anche praticato più volte in modo che possa essere riavvolto come un programma standard dal subconscio.

Facciamo molto esattamente in questo modo, perché l'abbiamo sempre fatto in quel modo, perché tutti lo fanno in quel modo, o perché non conosciamo nessun altro modo. Spesso, tuttavia, compromettiamo o feriamo altre persone con le nostre azioni senza che ce ne accorgiamo immediatamente. Questo spesso porta all'offesa dell'altra persona e quindi all'interruzione della relazione. A volte questo è anche accettato consapevolmente nella speranza che l'altro non lo scopra. Voglio solo menzionare la questione delle parole chiave qui.

Tranne le situazioni in cui siamo sotto ordini o istruzioni, siamo completamente liberi di decidere cosa facciamo, come lo facciamo e se lo facciamo. Sfortunatamente, usiamo questa libertà troppo di rado.

Con le tue azioni mostri le relazioni con i tuoi simili, cambi e dalla forma al tuo ambiente. Così facendo, sei un po' meno libero che con i tuoi pensieri, perché ci sono convenzioni e tradizioni sociali da un lato e regolamenti e leggi dall'altro. Questi sono a volte incomprensibili e nemmeno comprensibili. Tuttavia, ci sono generalmente solo due modi: il modo semplice per rispettarli e il modo piuttosto noioso e noioso di cercare di cambiare tali regole, regolamenti e leggi.

Queste sono le cinque mindfulness di cui siamo gli unici responsabili e che possiamo controllare interamente dall'interno. Le prossime mindfulness riguardano il nostro essere nel mondo e la nostra interazione con esso.

Sesto Comandamento – Sesta Mindfulness

# Osserva

# la proprietà

Questo comandamento è molto più ampio dei due biblici *"non rubare"* e *"non desiderare la casa del tuo prossimo; non desiderare la moglie del tuo prossimo, né il suo servo, né la sua serva, né il suo bue, né il suo asino, né cosa alcuna del tuo prossimo"*. Perché sono tante le situazioni in cui non si ruba nulla, ma la proprietà altrui, ma anche la propria, non è sufficientemente rispettata.

Sia per negligenza o dolo o semplicemente per negligenza e mancanza di custodia, cura e uso. Quante volte le cose sono semplicemente buttate via semplicemente perché non sono più belle come quando sono state acquistate, perché non funzionano più così perfettamente, perché la carica della batteria non dura così tanto, o semplicemente perché ce n'è già un nuovo modello "migliore"?

Non voglio assolutamente impedirti di acquistare un nuovo telefono cellulare, ad esempio, ogni volta che ne hai bisogno. Ma prima di acquistarlo, pensa se questo sia davvero un uso attento delle risorse o se il tuo uso soggettivamente maggiore ne vale davvero la pena. E se è così, allora forse considera di generare una seconda vita al tuo vecchio telefono prima di buttarlo via. È vero che oggi viviamo in quella che è conosciuta come una società usa e getta. Con la produzione industriale sempre più efficiente, in molti casi è più economico acquistare un nuovo pezzo che riparare quello vecchio. Tuttavia, molti prodotti sono già realizzati con un punto di rottura predeterminato, in modo che si rompano dopo un certo periodo, in modo da garantire la necessità permanente di sostituzione e quindi la produzione continua. In molti casi, tuttavia, esiste anche una possibilità attenta. Prodotti simili di qualità superiore, che certamente sono anche più costosi, hanno una durata molto più lunga. Se converti il prezzo nella durata del prodotto, questi sono generalmente molto più economici dei cosiddetti prodotti economici. Inoltre, hai un prodotto di alta qualità e non devi infastidirti per l'usura o il guasto, di solito in momenti del tutto inadatti. C'è un detto inglese appropriato: „I'm not rich enough to buy cheap things" - "Non sono abbastanza ricco per comprare cose a buon mercato".

Per proprietà non intendo solo ciò che di solito sono indicato come immobile o altri beni, come automobili, telefoni cellulari, computer portatili, mobili, vestiti e simili, ma anche proprietà intellettuale delle singole persone, e beni culturali, religiosi e quelli tradizionali Realizzazioni e caratteristiche delle comunità più piccole o più grandi. È proprio con questa proprietà intellettuale o culturale che molte persone trovano difficile rispettare, soprattutto quando contraddicono i propri punti di vista o opinioni. Tuttavia, è particolarmente importante che questo rispetto sia reciproco. Non può e non deve essere che alla tolleranza si risponda con l'intolleranza. Non ci sono diritti di proprietà sulla verità, né possono essere fatte dichiarazioni in verità per mezzo di una delibera o ordinanza statutaria! Secondo me, non esiste una religione o un'ideologia assolutamente vera! Tutte le visioni del mondo che quelle persone considerano miscredenti, inferiori o sciocche che non sia d'accordo con questa visione del mondo non hanno posto in una società tollerante e aperta. Creano solo conflitti e li dividono. Con questo abbiamo anche il passaggio al settimo comandamento: "Osserva la comunità".

Settimo Comandamento – Settima Mindfulness

# Osserva

# la comunità

È davvero interessante che non ci siano due zebre con lo stesso motivo a strisce, che non ci siano due persone con le stesse impronte digitali e gli stessi colori dell'iride nei loro occhi. In parole povere, tutte le persone sono diverse, e questa è una buona cosa. Non importa quanto noi umani siamo diversi, ci sono anche somiglianze nell'origine, nella lingua, nella cultura, nella religione, nell'istruzione, negli interessi, ecc. Pertanto, ci sono e sono sempre state comunità di diverse dimensioni e con obiettivi diversi che modellano la vita e rendono la sopravvivenza di ciascuno dei suoi membri più facile o addirittura possibile in primo luogo. Probabilmente la comunità più piccola è quella del matrimonio o della convivenza, poi quella con i figli o i genitori, quella della famiglia allargata, del clan, della tribù, della comunità di villaggio, ecc.

"Osserva la comunità" è molto più comprensiva del tanto citato amore biblico del prossimo, che non è nemmeno contenuto nei Dieci Comandamenti. Ma va anche molto oltre *"Onora tuo padre e tua madre"*. Come membro di una comunità, devi rispettare determinate regole in modo che la convivenza sia fiorente. Tuttavia, puoi anche contribuire a modificare queste regole precedenti o nella maggior parte dei casi puoi anche lasciare una comunità se non ti vedi più come parte di essa. Certo, può capitare che le regole o le abitudini di due comunità cui appartieni differiscano o addirittura si contraddicano. Allora devi cercare una soluzione, anche se ti allontani da una comunità.

Il rispetto della comunità non riguarda solo la comunità cui appartieni, ma anche tutti gli altri. Quindi include il biblico *"non commettere adulterio"* così come *"non desiderare la moglie del tuo prossimo, né il suo servo, né la sua serva, né il suo bue, né il suo asino, né cosa alcuna del tuo prossimo"*. Nella Bibbia, il termine schiavo è originariamente usato al posto di servo. Con cui per me l'atteggiamento degli schiavi di ogni dignità umana è una beffa. Purtroppo questo non è solo un pensiero dell'Antico Testamento, dove anche gli Israeliti sono chiamati da Jaweh come suoi schiavi, ma anche del Nuovo Testamento, perché anche Paolo parla di lodi della schiavitù!

*(Lev 25,42) Poiché essi sono i miei servi [,ebed' = schiavi] che ho fatto uscire dal paese d' Egitto; non devono essere venduti come si vendono gli schiavi.*

*(1 Cor 7,21) Sei stato chiamato essendo schiavo? Non te ne preoccupare, ma se puoi diventar libero, è meglio valerti dell'opportunità.*

Inoltre in tutti i secoli, la chiesa non ha mai avuto problemi con la schiavitù e la servitù della gleba, a condizione che i governanti fossero cristiani ben educati. Inoltre, ha contribuito molto al fatto che la conoscenza sia rimasta nascosta dietro le mura del monastero e che la gente fosse e sia rimasta spiritualmente schiava a causa dell'ignoranza. Anche se la schiavitù ufficialmente non esiste più oggi, molte persone che lavorano per grandi aziende sono così economicamente dipendenti con bassi salari che a volte mettono a rischio l'esistenza che è come essere uno schiavo. Questo "osserva la comunità" è un appello a ciascun individuo affinché non sia turbata la delicatissima convivenza nelle comunità. È un reciproco dare e avere. Questo equilibrio deve essere mantenuto, perché altrimenti o la comunità domina troppo i suoi membri, o gli interessi individuali prevalgono. In entrambi i casi sarà distrutto e frantumato. Non puoi salvare il mondo intero, ma puoi fare molto con l'osservazione alle tue comunità.

# Osserva
# la vita

L'ottava mindfulness "osserva la vita" va ben oltre la settima "osserva la comunità", ma include anche questo in un certo modo. Se il settimo comandamento riguarda l'attenta convivenza delle persone e la cura attenta di esse, allora l'ottavo comandamento riguarda tutto ciò che vive.

*"Non uccidere"*, o com'è parzialmente tradotto con *"non assassinare"*, rappresenta solo un piccolo aspetto del rispetto per la vita. Se si legge con attenzione l'Antico Testamento, bisogna riconoscere, purtroppo, che proprio questo comandamento il più delle volte ignorato anche per conto di Jaweh. In totale, l'Antico Testamento riporta non meno di novantanove guerre, atti di guerra o battaglie. Nella maggior parte dei casi con un certo orgoglio, poiché gli israeliti furono nella maggior parte dei casi vittoriosi.

Il rispetto per la vita è molto di più per me, e non può essere ridotto alla questione della vita o della morte. A parte le sostanze pure terra, rocce, acqua e aria, sono in pratica sempre e ovunque circondati dalla vita. A volte più intensamente di quanto vorremmo, soprattutto quando si tratta di muffe, batteri, virus o cosiddetti vermetti o parassiti. Se non li combattiamo (uccidiamo), allora la nostra vita diventa molto problematica o potrebbe finire prematuramente. Ci deve essere uno scambio. Ma anche qui puoi sparare troppo velocemente per zelo e distruggere i "parassiti" in buona fede, ma allo stesso tempo uccidere una miriade d'insetti utili o liberare spazio per altri microrganismi non meno pericolosi. In una persona sana, il sistema immunitario è in grado di combattere e uccidere da solo quasi tutti i germi nocivi. In moltissimi casi non compaiono nemmeno i sintomi della malattia, e spesso non è necessaria alcuna medicina, e certamente nessuna cosiddetta "vaccinazione". L'attuale elenco di danni e decessi da vaccino è probabilmente più lungo dei successi pubblicizzati.

Il rispetto della vita inizia con la convivenza in famiglia e in comunità e termina con il rispetto di tutta la vita sulla terra. Non voglio elogiare la dieta vegetariana o vegana, né voglio ignorare i loro sostenitori. Per me dipendono molto di più dalle circostanze e dagli atteggiamenti nei confronti dell'uccisione degli animali per il cibo. Qui sia l'allevamento sia la macellazione può essere trattati con molta o poca attenzione. Anche nella natura oh così pacifica e bella, c'è un mangiare ed essere mangiato completamente spietato in gran parte. E nella maggior parte dei casi questo è un meccanismo di autoregolazione. Sfortunatamente, questo è stato rotto solo dagli umani – per invidia alimentare – sterminando il lupo, per esempio. Il conseguente aumento del cervo deve ora essere nuovamente regolato dai cacciatori in modo che non distrugga i raccolti. Rispettare la vita significa anche non tormentare, ferire, sopprimere o maltrattare nessuno.

Osserva la vita significa anche "prestare attenzione alla vita non nata"! Capisco che una gravidanza indesiderata dopo uno stupro rappresenta un enorme problema (psicologico) e che la vita della madre e dei suoi parenti deve essere soppesata rispetto alla vita del nascituro. Non capisco, però, che con le odierne possibilità contraccettive, tanti aborti sono ancora effettuati in rapporti intatti, spesso solo a causa del sesso "sbagliato" del nascituro. Dal mio punto di vista, qui manca molto la corrispondente attenzione alla vita.

# Osserva

# l'ambiente

Il nono comandamento "osserva l'ambiente" va ben oltre l'ottavo "osserva la vita", ma in un certo senso include anche questo di nuovo. Se l'ottavo comandamento riguarda il trattamento attento di tutti gli esseri viventi, il nono comandamento colpisce semplicemente tutto e qualsiasi cosa ciò che ci circonda, indipendentemente dal fatto che sia animato o inanimato.

Comprende molti argomenti che sono spesso evidenziati da vari gruppi in modo molto spettacolare e talvolta con un'azione globale. Sebbene alcune affermazioni siano giustificate, almeno a prima vista, spesso, si rivelano problematiche a un esame più attento. È certamente vero che le auto elettriche producono molto meno o non producono gas di scarico quando sono in funzione – dopo di tutto, niente benzina o il diesel è bruciata. Ma quanti gas dannosi per il clima e processi dannosi per l'ambiente sono prodotti nella produzione di auto elettriche e soprattutto batterie, in alcuni casi supera notevolmente quello delle auto demonizzate con motori a combustione interna. Da non trascurare è il lavoro minorile disumano, ad esempio nell'estrazione del cobalto. Alla fine, sorge anche la domanda: da dove dovrebbe venire tutta l'elettricità per le auto? È una presa in giro insuperabile quando i politici suggeriscono che tutti a casa dovrebbero avere un generatore diesel per questo.

Le centrali elettriche esistenti sono già al limite della capacità e i blackout entro poco tempo sono all'ordine del giorno. A sua volta, più elettricità dalle centrali elettriche a carbone aumenta le emissioni di particolato e di $CO_2$. Più elettricità dalle centrali nucleari significa più scorie nucleari che devono essere mantenute al sicuro per migliaia di anni. Inoltre, i politici vogliono spegnerli completamente a breve soprattutto in Germania. Far funzionare le auto elettriche con elettricità da petrolio greggio o gas naturale non ha senso, poiché l'efficienza è molto inferiore rispetto a se il petrolio greggio fosse bruciato direttamente nell'auto. D'altra parte, non è sorprendente il motivo per cui la $CO_2$ presumibilmente dannosa (ma in realtà completamente non tossica) nelle serre industriali è aumentata artificialmente a circa tre volte il valore in modo che le piante crescano più velocemente? La soluzione è molto semplice: zucchero e amido sono carboidrati che, come suggerisce il nome, sono formati da anidride carbonica, cioè $CO_2$, e acqua. Quando sono bruciati o digeriti, sono nuovamente scomposti in queste due sostanze: il ciclo si chiude. Gli impianti eolici oggi preferiti producono elettricità in modo troppo irregolare, generano molto rumore e hanno un impatto enorme sull'ambiente. Per immagazzinare questa elettricità, molte centrali elettriche di accumulo dovrebbero essere costruite il più in alto possibile sulle montagne. Queste e molte lunghe linee aeree con una grande perdita di linea dovrebbero essere costruite a un costo elevato, poiché le aree in cui l'elettricità è prodotta, dove è immagazzinata e dove è consumata si trovano in aree molto distanti tra loro.

I sistemi solari su qualsiasi tetto adatto potrebbero produrre elettricità in modo decentralizzato e indipendentemente dai blackout locali o nazionali. Se lavori nell'ufficio di casa e puoi incontrare e parlare con altri in videoconferenze invece di dover viaggiare attraverso il paese o il mondo intero in aereo o in auto, si fa di più per l'ambiente che in tante proteste del venerdì per il futuro raduni. Meno tempo in macchina e più tempo libero migliorano anche l'equilibrio tra lavoro e vita privata e il benessere. Frutta, verdura, grano e carne di agricoltori locali e prodotti di aziende commerciali e industriali locali, invece di beni importati da grandi società, rafforza anche l'economia locale. Queste sono solo alcune riflessioni sul tema "osserva l'ambiente". Ogni giorno, tutti abbiamo l'opportunità di fare consapevolmente qualcosa per l'ambiente e quindi per una vita migliore per noi stessi e per tutte le persone quando prendiamo decisioni individuali, anche piccole.

# Osserva

# l'universo

Il decimo comandamento – la decima mindfulness – è da un lato il più comprensivo di tutti, ma dall'altro anche il meno concreto. Con il termine universo intendo non solo l'universo fisico con tutti i suoi miliardi di galassie e stelle, ma soprattutto tutte le forze che operano in esso, indipendentemente dal fatto che le conosciamo già o no, che possiamo misurarle e calcolarle o no, che ci crediamo o no. Per me comprende anche l'intera area dell'etereo, dell'anima e dello spirituale in quanto va oltre l'individuo personale.

Capisco molto bene quando le persone che enfatizzano questo mondo, le persone razionali, ma anche materialiste o soprattutto gli scienziati hanno un problema con le ultime affermazioni, perché semplicemente non le capiscono o non hanno un sensorio per loro. D'altra parte, ci sono altrettante persone, se non significativamente di più, che non comprendono né l'interazione forte né quella debole, e nemmeno la teoria della relatività. Conosci l'effetto dell'elettricità, del magnetismo e della gravità, ma non puoi nemmeno spiegare i loro principi fisici. Ciò che si trova in loro, tuttavia, è una qualche forma di fede, non necessariamente nel senso di una religione fondata teologicamente, ma semplicemente una premonizione, un'ipotesi o una sensazione che ci siano "più cose tra il cielo e la terra di quelle che possiamo discernere con il nostro intelletto" (Lao Tzu). O come dice Amleto di Shakespeare a Orazio: "Ci sono più cose in cielo e in terra di quante ne possa sognare la tua saggezza scolastica (nell'originale inglese: filosofia)".

Anche molti scienziati hanno avuto sospetti o addirittura esperienze di questo tipo, e spesso semplicemente non osano dichiararlo pubblicamente perché credono che la loro reputazione scientifica ne risentirebbe.

Non importa se si tratta di un unico dio dominante senza restrizioni, o solo responsabile dei propri credenti, o di una trinità di dei, un Olimpo completamente occupato con dodici dei principali, dei secondari, semidei, Titani, Grazie o Muse. È ugualmente irrilevante che si tratti di gnomi, elfi, ninfe, fauni, camice, demoni, silfidi, spiriti della foresta, troll o nani. A questa categoria appartengono anche angeli, arcangeli, cherubini e serafini, oltre a diavoli, Satana e Lucifero. Alcuni credono in loro, alcuni li chiamano aiuto o li adorano, altri li vedono come causa di disgrazie e malattie. Per molti, questi esseri, indipendentemente dal fatto che possano essere provati o no, sono semplicemente parte della loro vita e anche un supporto.

Qualunque cosa o chiunque tu creda, cerca di rispettare queste forze ed esseri dell'universo. Proprio come non puoi eludere le leggi fisiche, ad esempio la gravità, proprio come non puoi eludere gli esseri e le leggi dell'anima-spirituali, se esistono. La parola "universo" è composta dal latino "unum – uno" e "versus – girato". Se qualcuno (per esempio tu) gira una volta attorno al tuo asse, allora hai afferrato tutto il tuo ambiente, il tuo universo, anche se non hai visto tutto fino all'ultimo infinito. Cerca solo di vivere in armonia nonostante tutto che ti circonda, cioè con il TUO universo in pace e armonia.

# Prospettiva

Soprattutto in tempi turbolenti come quello attuale, è importante non lasciarsi andare alla deriva senza meta. Altrimenti diventiamo facili vittime di poteri che vogliono il meglio da noi, non ciò che è meglio per noi, cioè la nostra libertà, la nostra sovranità e il nostro denaro. È quindi necessario pensare con la propria testa e agire con fiducia. I presenti nuovi Dieci Comandamenti – Dieci Mindfulness – sono una semplice guida per raggiungere la massima autodeterminazione possibile, influenzando il meno possibile i nostri simili e l'ambiente.

La felicità non è il risultato di duro lavoro o ricchezza. La felicità è una sorta di equilibrio tra obiettivi aspirati e raggiunti, lavoro e tempo libero, tempo per se stessi e tempo per gli altri, ma anche denaro liberamente disponibile e desideri materiali aperti. Sfortunatamente, la pubblicità aggressiva dell'economia ha portato molte persone a vivere sulla ruota del criceto secondo il seguente motto: "Comprano con soldi che non hanno, cose di cui non hanno bisogno per impressionare altre persone che non gli piacciono"! A proposito, il percorso di carriera in molte professioni è anche più simile a una ruota da criceto: hai la sensazione di salire la scala della carriera. Infatti, pedali sul posto, e i proprietari e il capo sono felici della tua grande prestazione. E se non ce la fai più, allora "puoi" scendere dalla ruota del criceto con il tuo esaurimento o infarto, e il prossimo ha una possibilità. La malattia non può e non deve mai essere un prezzo adeguato da pagare per il raggiungimento di un qualsiasi obiettivo professionale, finanziario o materiale. La tua salute è troppo preziosa e unica. Anche se la medicina moderna può fare miracoli in molti casi, mantenere la salute naturale è ancora molto più utile che ripristinarla.

Dopo i colpi del destino o dopo grandi cambiamenti, come quelli causati dalla crisi della Corona, molte persone si pongono di nuovo la questione del senso della vita. Dal mio punto di vista, l'unico e solo significato, il fine ultimo della vita, non esiste. Se questo esistesse, la vita diventerebbe assolutamente priva di significato una volta raggiunto quest'obiettivo. Per me risulta che durante tutti gli anni della tua vita non c'è un solo significato, ma che anche il rispettivo significato principale può cambiare. Se il significato della vita di un bambino, in breve, si basa sull'imparare a camminare e parlare, allora è imparare e socializzare durante l'orario scolastico.

Dopodiché, il senso della vita è principalmente trovare un lavoro, trovare un compagno di vita, affittare o comprare un appartamento o costruire una casa e possibilmente crescere dei figli. Ogni volta che uno di questi obiettivi è raggiunto, ci deve essere un riorientamento, altrimenti c'è il rischio di rimanere bloccati in qualche modo nello sviluppo personale. Per molte madri, lasciare i figli, o oggi molto più spesso il figlio unico, diventa una grande questione di senso. Soprattutto quando (com'era molto più comune in passato) non lavorano e sono solo a casa. Improvvisamente, a volte anche da un giorno all'altro, il senso della vita degli ultimi vent'anni non c'è più, cadono in un buco profondo e a volte diventano davvero depressi. La situazione è simile per molti (soprattutto uomini) con lo shock all'inizio della pensione.

Non solo in questa situazione è importante che ognuno si dia un senso (principale) e diversi sensi secondari. In molti casi, questi nuovi sensi o obiettivi non devono essere utili e redditizi da un punto di vista economico. Se le basi economiche e finanziarie sono a posto, allora è sicuramente il momento di tornare ai tuoi talenti e interessi spesso nascosti o dimenticati. Conosco un caso in cui l'insegnante di educazione artistica continuava a spiegare a questa ragazza che non sapeva dipingere, che era un anti-talento artistico solo perché non dipingeva come l'insegnante aveva immaginato. Gli anni e i decenni passarono senza che lei prendesse mai più in mano un pennello. Perché avrebbe dovuto farlo anche lei? Tuttavia, ha usato molte altre tecniche artistiche e ha prodotto risultati davvero fantastici. Quando i suoi figli erano lontani da casa da molto tempo e il loro lavoro era finito, il marito le chiese un quadro per il suo settantesimo compleanno, perché era fermamente convinto che, con la sua vena artistica, abbia dovuto essere in grado di dipingere. Il risultato del suo primo tentativo di pittura è stato semplicemente sbalorditivo. Da allora ha dipinto molti quadri con acrilico e olio. La pittura non è il significato della sua vita ora, ma ha portato nuovo significato, gioia e varietà alla sua vita.

Più di duemila anni fa, il poeta romano Orazio riassumeva la sua saggezza in due parole: "carpe diem" – solitamente tradotto come "usa il giorno". Anche se il beneficio corrisponde più allo stile di vita europeo o cristiano-occidentale, c'è ancora una differenza non insignificante rispetto al significato originale "sceglie il giorno". È una metafora, e vuole esprimere la raccolta di frutta o fiori maturi, cioè godersi il momento senza sforzo, com'è presente nell'esperienza sensuale della natura, ad esempio. In realtà, questo è uno stato paradisiaco, in cui non devi lavorare il terreno con il sudore della tua fronte, ma sei felice e contento di ciò che la natura ti offre. Le persone che scendono dal tapis roulant sono spesso definite con disprezzo come artisti della vita. È un vero complimento se qualcuno capisce l'arte di vivere e non è un fallimento o un "pasticcione della vita". Purtroppo a scuola siamo solo stipati di tantissime – a volte molto discutibili – conoscenze, ma l'arte di vivere, essere felice e contento, non viene insegnata.

Già nel XVIII secolo, il codice legale del Bhutan, un piccolo regno dell'Himalaya, faceva una dichiarazione che in realtà dovrebbe applicarsi a tutti i paesi della terra: "Se il governo non può creare la felicità per la sua gente, allora non c'è ragione che quel governo esista." I fattori per la felicità nazionale in Bhutan sono: giustizia sociale, libertà culturale, uguaglianza legale e sostenibilità ecologica, ma non ricchezza e prosperità. I primi tre ricordano molto il grido di battaglia della Rivoluzione francese con la libertà, l'uguaglianza, la fraternità. Sfortunatamente, questi valori sono stati spesso distorti in Occidente e la libertà di azione si applica solo alle società globali e alla loro libertà fiscale. L'uguaglianza si applica soprattutto alle grandi masse in termini di reddito e ricchezza in gran parte ugualmente bassi. Per lo più, la fraternità è praticata solo nelle varie lobby, confraternite e partiti politici a proprio vantaggio e a scapito del popolo. Non possiamo aspettarci che rinuncino ai loro privilegi di propria spontanea volontà. Ma ognuno di noi può contribuire nella propria sfera a rendere il mondo, un luogo più pacifico, a renderci tutti un po' più felici e contenti.

TU sei il centro del tuo universo, dipende da TE, sii il punto di partenza per cambiare in meglio:

# Carpe diem – goditi la giornata!

# Publikationen der Geschichtswissenschaftlichen Gesellschaft Wien

## Pubblicazioni della Società Storica-Scientifica di Vienna

Tutti i libri sono stati finora pubblicati in tedesco, alcuni saranno presto pubblicati anche in inglese.

È possibile che i singoli libri compaiano anche in italiano in un secondo momento.

Puoi ottenere tutti i libri direttamente nel negozio dell'editore: www.bod.de/buchshop/, in ogni libreria o su Internet!

Erhard Zauner

Neue
Zehn Gebote
– Zehn Achtsamkeiten –
für die Zeit
von und nach Corona

Ein Entwurf für neue, allgemein gültige Gebote,
die allen Menschen unabhängig von ihrer Religion
oder ihrem Glauben als ethische Richtschnur
ihres Handelns dienen können

# Erhard Zauner

# New Ten Commandments – Ten mindfulnesses – for the time of and after Covid-19

A draft for new, generally applicable commandments that can serve as an ethical guideline for all people regardless of their religion or belief

Erhard Zauner

# DIE UNHEILIGE SCHRIFT

Die Kriminalgeschichte von Jahwe und seinem auserwählten Volk
Was wirklich in der Bibel steht. Band 1:
Von der Schöpfung bis zum Auszug aus Ägypten

Wer glaubt, dass die Bibel eine „Heilige Schrift" sei, die das barmherzige Wirken des lieben, guten Gottes schildert, der von Anbeginn an durch alle Zeiten für alle Menschen da ist, der hat sie nicht gelesen. Das Gegenteil ist wahr. In dieser „UN-heiligen Schrift" finden wir alle verabscheuungswürdigen Verbrechen wie Krieg, Mord, Menschenopfer, Lüge, Betrug, Ehebruch, Polygamie, Inzucht, Frauenfeindlichkeit, Genitalverstümmelung, Menschenhandel, Sklaverei, Rassismus, Fremdenhass, Götzenanbetung, Rache, Raub und vielfachen Völkermord. Begangen werden all diese Verbrechen von Jahwe selbst, von seinem auserwählten Volk oder den Säulenheiligen des Alten Testaments, zumeist sogar noch von Jahwe selbst dazu angestiftet. Obwohl diese zigmal Jahwes Gebote und Gesetze brechen, werden sie dafür nicht bestraft, während einfache Menschen oft wegen kleinster Vergehen von Jahwe selbst getötet werden. Jahwes Auftreten, sein Verhalten und sein Charakter sind so unterschiedlich, dass man davon ausgehen muss, dass der Jahwe der Schöpfung und des Paradieses, der Jahwe der Sintflut, der Jahwe der Patriarchenzeit und der Jahwe der Ägyptischen Plagen und des Auszuges nie und nimmer ein und dieselbe Person (oder Gott) gewesen sein können. Wussten Sie,

- dass es zwei gänzlich unterschiedliche Versionen der Schöpfung gibt?
- dass die verfluchte Schlange später von den Israeliten verehrt und ihr geopfert wurde?
- dass Jahwe in der Bibel achtzehn mal einen Bund schließt und keinen einzigen hält?
- dass Abraham seine Schwester heiratet und sie mit zwei weiteren Männern vermählt?
- dass Jakob mit zwei Schwestern und zwei weiteren Frauen gleichzeitig verheiratet ist?
- dass Mose einen Mord begangen hat, bevor er zum Religionsgründer wird?
- dass Jahwe Mose zum Gott für den Pharao macht?
- dass Jahwe Hörner wie ein Wildstier hat?
- dass Jahwe sich selbst nicht als Gott aller Menschen, sondern nur der Israeliten betrachtet?
- dass Jahwe sich jahrhundertlang nicht einmal um sein auserwähltes Volk gekümmert hat?
- dass Jahwe millionenfache Genitalverstümmelung verlangt, und Jesus dies gutheißt?

# LA NON SANTA BIBBIA

La storia criminale di Yahweh e del suo popolo eletto
Cosa c'è veramente nella Bibbia. Parte 1:
Dalla creazione all'esodo dall'Egitto

**The English edition of this book is in preparation!**

## Erhard Zauner

# THE UNHOLY SCRIPTURE

The criminal story of Yahweh and his chosen people - or -
What is really in the Bible: From creation to the exodus from Egypt

Anyone who believes that the Bible is a "holy scripture" that describes the merciful work of the dear, good God, who has been there for all people from the beginning through all times, has not read it. The opposite is true. In this "UN Holy Scripture" we find all despicable crimes such as war, murder, human sacrifice, lies, fraud, adultery, polygamy, inbreeding, misogyny, genital mutilation, human trafficking, slavery, racism, xenophobia, idol worship, revenge, robbery and multiple genocide. All these crimes are committed by Yahweh himself, by his chosen people or the pillar saints of the Old Testament, mostly even instigated by Yahweh himself. Although these dozens of times break Yahweh's commandments and laws, they are not punished for it, while ordinary people are often killed by Yahweh himself for the smallest offenses. Yahweh's appearance, behavior and character are so different that one has to assume that the Yahweh of creation and Paradise, the Yahweh of the Flood, the Yahweh of the Patriarchal Period and the Yahweh of the Plagues of Egypt and the Exodus never ever could have been the same person (or God). Did you know...

• that there are two completely different versions of creation?

• that the cursed serpent was later worshiped and sacrificed by the Israelites?

• that Yahweh makes a covenant 18 times and does not keep a single one?

• that Abraham marries his sister and wed her to two other men?

• that Jacob is married to two sisters and two other women at the same time?

• that Moses committed murder before he became a founder of the religion?

• that Yahweh made Moses God for Pharaoh?

• that Yahweh has horns like a wild bull?

• that Yahweh does not regard himself as God of all people, but only of the Israelites?

• that Yahweh did not even care for his chosen people for centuries?

• that Yahweh demands millions of genital mutilation and that Jesus approves of it?

Erhard Zauner

# Autonomes und lebenslanges Lernen: ein modernes, 2000 Jahre altes, Prinzip

Erstaunliche Aktualität des spätjüdischen Bildungssystems

3. erweiterte Auflage

Autonomes und lebenslanges Lernen, sind die beiden pädagogischen Grundprinzipien der Juden schlechthin. Sie haben im Judentum einen mindestens zweitausendjährigen erfolgreichen Praxistest hinter sich. Obwohl heute in der pädagogischen Literatur oft gefordert, werden sie noch immer viel zu selten und wenig effizient umgesetzt.

Hier könnte viel in kurzer Zeit bewegt werden, würde man die bewährte Methode übernehmen. Dabei gäbe es allerdings ein Problem: Diese beiden Grundwerte werden den jüdischen Kindern von ihren Müttern bereits mit der Muttermilch verabreicht. Man müsste also zuerst die Eltern erziehen. (Goethe in Zahme Xenien: „Man könnt' erzogene Kinder gebären, wenn die Eltern erzogen wären.")

Ergänzt werden die Ausführungen noch durch die Rollenfunde vom Toten Meer, die uns Einblicke in das jüdische Leben in der Zeit um Christi Geburt geben, die 2000 Jahre unverändert erhalten geblieben sind, und daher keinerlei Zensur oder „Verschlimmbesserung" unterworfen waren.

# Apprendimento autonomo e permanente: un principio moderno vecchio di 2000 anni

Sorprendentemente l'attualità del tardo sistema educativo ebraico

72

Erhard Zauner

# Autonomous and Lifelong Learning: a Modern, 2000 Year old, Principle

Amazingly topicality of the late Jewish education system

3rd expanded edition

Autonomous and lifelong learning are the two basic educational principles of the Jews. In Judaism you have passed a practical test that has been successful for at least two thousand years. Although these days it is often required in educational literature, they are still implemented far too seldom and inefficiently.

A lot could be moved here in a short time if the tried and tested method were adopted. There would be a problem with this, however: These two basic values are given to Jewish children by their mothers in their mother's milk. So you would have to raise your parents first. (Goethe in Zahme Xenien: "You could have brought up children if the parents were brought up.")

The explanations are supplemented by the scroll finds from the Dead Sea, which give us insights into Jewish life around the birth of Christ, which have remained unchanged for 2000 years, and therefore were not subject to any censorship or "deterioration".

Erhard Zauner

# Die Jesus Sensation

Die Entschlüsselung des essenischen Sonnenkalenders
von Qumran und der Chronologie der Evangelien

## Die Lösung des größten Rätsels der Menschheit

Nach fünfzigjähriger Beschäftigung ist es dem Autor erstmals gelungen, mit Hilfe von Angaben aus den Schriftrollen vom Toten Meer, des Talmuds und des Neuen Testaments, eine eindeutige Zuordnung des essenischen Sonnenkalenders von Qumran zum julianischen Kalender zu erstellen und zu beweisen.

Johannes der Täufer und Jesus haben demnach die Feste nach diesem Qumran-Kalender gefeiert. Ebenso wurden ihre Zeugungs-, Geburts-, Kreuzigungs- bzw. Sterbedaten danach tradiert. Mit nur ganz wenigen Adaptierungen lassen sich praktisch alle chronologischen Angaben der Evangelien und der außerbiblischen Schriften in diesem Sonnenkalender in eine sinnvolle stimmige Abfolge bringen. Das Ergebnis wird allerdings für manche sehr überraschend sein, da sich vieles damals eben nicht so abgespielt hat, wie es in liebevoller Tradition verbreitet wird. Außerdem wurde der offizielle Tempelkult zumindest bis kurz vor die Zeitenwende auch nach dem Qumrankalender zelebriert.

Johannes und Jesus stehen voll und ganz in der jüdischen Tradition und haben nie und nimmer jene neue Religion begründet, die als Christentum weltweite Verbreitung gefunden hat. Diese Verfälschung der urchristlichen Lehre von Johannes und Jesus geht primär auf Paulus, dann auf die Diener des römischen Kaiserhofes und in der Folge auf die Katholische Kirche, den Vatikan und die machtbesessenen Päpste zurück.

## La sensazione di Gesù

La decifrazione del calendario solare Esseniano di Qumran
e la cronologia dei Vangeli

## La soluzione al più grande mistero dell'umanità

**L'edizione tedesca di questo libro sarà pubblicata presto!**

**The English edition of this book is in preparation!**

Erhard Zauner

# The Jesus Sensation

The deciphering of the Essenian solar calendar
of Qumran and the chronology of the Gospels

The solution to humankind's greatest mystery

After fifty years, the author has succeeded for the first time, with information from the Dead Sea Scrolls, the Talmud and the New Testament, to create and prove a clear correlation between the Essenian solar calendar of Qumran and the Julian calendar.

So he can definitely state that John the Baptist and Jesus celebrated the feasts according to this Qumran calendar. Their dates of conception, birth, crucifixion and death were also passed on afterwards. With just a few adaptations, practically all chronological information from the Gospels and the extra-biblical writings can be put into a meaningful, coherent sequence in this solar calendar. The result will, however, be very surprising for some, as a lot of things did not happen back then as it is spread in loving tradition. In addition, the official temple cult was celebrated according to the Qumran calendar, at least until shortly before the new era.

John and Jesus stand completely in the Jewish tradition and have never, ever founded that new religion which, as Christianity, has spread throughout the world. This falsification of the early Christian doctrine of John and Jesus is primarily due to Paul, then to the servants of the Roman imperial court and subsequently to the Catholic Church, the Vatican and the power-obsessed popes.

Erhard Zauner

# Die Templer, Baphomet, das Turiner Grabtuch und der Heilige Gral

Eine neue Sicht auf 2000 Jahre Geschichte

**L'edizione tedesca di questo libro sarà pubblicata presto!**

# I Templari, Baphomet, la Sindone di Torino e il Santo Graal

Una nuova prospettiva su 2000 anni di storia

**The English edition of this book is in preparation!**

Erhard Zauner

# The Templars, Baphomet, the Turin Shroud and the Holy Grail

A new view at 2000 years of history

Studien zur Philosophie von Karl Popper 1
Erhard Zauner

# Die offene Bildungsgesellschaft und ihre Feinde

Poppers Gesellschaftskritik mit Blick auf das Bildungssystem

Studi sulla filosofia di Karl Popper 1

# La società educativa aperta e i suoi nemici

La critica di Popper alla società in vista del sistema educativo

Studien zur Philosophie von Karl Popper 2
Erhard Zauner

# Eine kritische Betrachtung der Theorien von Karl Raimund Popper

Die Weiterentwicklung des »kritischen« zum »toleranten« Rationalismus
und der »offenen« zur »offenen toleranten« Gesellschaft

Studi sulla filosofia di Karl Popper 2

# Uno sguardo critico alle teorie di Karl Raimund Popper

L'ulteriore sviluppo del razionalismo "critico" al "tollerante"
e della società "aperta" alla "tollerante aperta"

Studien zur Philosophie von Karl Popper 3
Erhard Zauner

# Die offene tolerante Gesellschaft mit humankapitalistischer Marktwirtschaft

Entwurf einer neuen gerechteren Wirtschafts- und
Gesellschaftsordnung basierend auf Volks-Souveränität,
individueller Freiheit und minimaler staatlicher Intervention

Studi sulla filosofia di Karl Popper 3

# La società aperta e tollerante con un'economia di mercato umano-capitalista

Progetto di un nuovo e più giusto ordine economico e sociale basato sulla
sovranità del popolo, sulla libertà individuale e sul minimo intervento statale

# Questi tre libri saranno pubblicati solo in tedesco!

Hans Gruber, Leo Munt, John Seberg, Rüdiger Seten und Yvonne Wayne

# Der Maya-Kalender 3114 v.Chr.–2100 n.Chr.

## Haab – Tzolkin – Long Count für jeden einzelnen Tag

# Il Calendario Maya 3114 a.C. – 2100 d.C.

## Haab – Tzolkin – Long Count per ogni singolo giorno

### Il testo di accompagnamento è solo in tedesco!

L'interesse per il calendario Maya è aumentato negli ultimi anni e decenni. E non solo in gruppi specialistici, ma soprattutto in un vasto pubblico. Finora ci sono state solo edizioni relativamente costose dei singoli anni del calendario Maya ma nessuna rappresentazione veramente completa dei tre sistemi di calendario Maya validi uno accanto all'altro per ogni singolo giorno, vale a dire i calendari Tzolkin e Haab e il Long Count. Con questa serie di libri vogliamo colmare questa lacuna e fornire un'edizione completa ed economica del calendario Maya dal suo inizio nel 3114 a.C. fino alla fine di questo secolo.

Ogni volume comprende 100 anni su tre doppie pagine, il volume con l'inizio del calendario comprende 114 anni. Fino alla riforma del calendario gregoriano nel ottobre 1582 è alla base del calendario giuliano, poi gregoriano. Oltre al "calendario del secolo", esistono anche edizioni speciali per gli anni 2001–2020, 2021–2030 e 2021–2050.

Eravamo in cinque a lavorare a questo lavoro, con un membro del team alla fine responsabile per ogni band, quindi abbiamo deciso di menzionare solo questo come autore della rispettiva band. Il team è composto di Hans Gruber, Leo Munt, John Seberg, Rüdiger Seten e Yvonne Wayne, ognuno dei quali ha apportato le proprie conoscenze e abilità speciali al progetto affinché potessero avere successo. Speriamo che questo lavoro sia utile nei tuoi studi cronologici!

# Sonderausgaben – edizioni speciali:

John Seberg

# Der Maya-Kalender 2021–2030 n.Chr.

# Il Calendario Maya 2021–2030 d.C.

John Seberg

# Der Maya-Kalender 2021–2050 n.Chr.

# Il Calendario Maya 2021–2050 d.C.

# Questi libri saranno pubblicati solo in tedesco!